LE
PRINCE NAPOLÉON

ÉTUDE POLITIQUE

PAR

UN DÉPUTÉ

PARIS

EN VENTE CHEZ TOUS LES LIBRAIRES

—

1883

LE
PRINCE NAPOLÉON

ÉTUDE POLITIQUE

PAR

UN DÉPUTÉ

PARIS

EN VENTE CHEZ TOUS LES LIBRAIRES

—

1883

LE PRINCE NAPOLÉON

Puisque aujourd'hui la fortune impériale est devenue solidaire de la Révolution ; puisqu'il s'agit de la gloire de votre nom autant que de l'intérêt démocratique et social, l'heure est venue de fouler aux pieds tout puritanisme, et de sortir des réserves de l'amour-propre. Quand l'étranger envahit la France, un républicain austère, Carnot, s'offrit à l'Empereur pour la défense de ses places. A présent que la contre-révolution du dedans et du dehors nous écrase, il est temps que républicains et impériaux entrent en explication.

Nous sommes effrayés, et à bon escient. Ce qui se passe, au dedans et au dehors, trahit un système dont la pensée est trop claire et le but trop proche.....

...Cette communauté d'intérêts qui unit en ce moment votre destinée à celle de la Révolution est mon excuse : qu'elle serve de passe-port à la présente !

P.-J. PROUDHON.

(Lettre au prince Napoléon, le 7 janvier 1853)

I

Le mardi 16 janvier 1883, à Paris, vers deux heures de l'après-midi, un élégant coupé s'engageait sous la voûte de la maison portant le n° 20 de l'avenue d'Antin, lorsque trois ou quatre sbires dépenaillés se ruent sur la voiture, font cabrer les chevaux et briser le timon... Ce sont les agents de la Préfecture de police qui arrêtent le fils du roi

Jérôme Bonaparte, le Prince Napoléon. Celui ci, grave, dédaigneux, apercevant derrière ces sbires le même Commissaire qui l'avait déjà arbitrairement arrêté en 1872, se borne à dire : « C'est toujours vous ?... » Le juge d'instruction s'avance alors et l'on monte vers l'appartement du Prince.

Artistes, philosophes, diplomates, généraux, hommes politiques, hommes de lettres, académiciens des diverses sections de l'Institut, dont le Prince est lui-même membre, devisaient, hier encore, paisiblement dans ce grand salon où l'on entre. Là, derrière une immense vitrine, on retrouve toutes les reliques de l'épopée napoléonienne, et les clefs d'or des villes conquises, et les épées des jours de victoire, et les souvenirs légendaires, et le petit chapeau du grand homme, le chapeau qui fit le voyage de Sainte-Hélène ! Autour du salon, Napoléon apparaît à tous les âges : le premier buste en marbre blanc nous le représente à Brienne ; le second, c'est le vainqueur d'Arcole ; le troisième nous montre l'impatient Consul ; le quatrième, l'Empereur en 1804 ; le cinquième, 1808 ; le dernier, Napoléon mourant. C'est le cycle complet d'une vie brève dont l'histoire est pleine.

Donc les policiers entrent ; ils fouillent le modeste entresol où le neveu de Napoléon Ier, un peu oublié de la foule, mais sachant que « les destins et les flots sont changeants », attend l'avenir... Et l'on mène ensuite à la Conciergerie, dans la tour Jules César, ce neveu de Napoléon Ier sous la prévention d'attentat contre la sûreté de l'Etat.

Puisque cette figure est ainsi mise subitement en vedette par les événements, étudions-la.

II

On dit l'homme peu sympathique et peu affec-
tueux. Il n'est, en réalité, connu qu'au physique.
Ses larges épaules et son masque césarien n'ont
jamais passé inaperçus. Au moral, quoiqu'on en
dise, l'homme est bon, foncièrement bon, avec une
pointe de scepticisme. Il a de l'esprit... aux dépens
d'autrui, parfois : naturellement ! Il parle bien, et
volontiers. En fait de questions financières, mili-
taires ou diplomatiques, il en remontre aux spécia-
listes. Voyageur, — car les voyages sont sa pas-
sion, — il aime à narrer ses odyssées. Philosophe,
il est déiste, tolérant, très tolérant. Homme politique, il a un gros défaut : il n'est pas fanfaron.

Toute fanfaronnade lui répugne. En Crimée, il
demanda simplement à commander les premières
colonnes d'attaque contre les Russes, qui étaient
d'autres soldats que les Arabes du duc d'Aumale.
Le Maréchal Canrobert vous racontera cette dé-
marche du Prince ; le Prince ne vous en dira
jamais rien. A l'Alma, il eut plusieurs officiers
tués à ses côtés. M. Gambetta, qui dirigea la guerre
à outrance sans jamais avoir osé imiter les Com-
missaires civils de la Convention, passe pour un
héros ; le Prince, qui commanda une division sous
la mitraille, est plaisanté par nos feuilles publiques ! C'est ainsi. La vérité, c'est que, quand les
premières batailles étaient gagnées, quand on
avait surtout à affronter les monotones rigueurs du
siège et le typhus banal, le prince blâma les len-
teurs du plan de campagne et fut autorisé à rentrer
en France. Il eut tort assurément, ne fût-ce que pour
le *qu'en dira t-on* Mais il se soucie peu, très peu,
trop peu, de paraître avoir les défauts qu'il n'a
pas,

Au point de vue religieux, même système. Il croit en Dieu, et n'accepte guère les raisonnements de l'athée. Cependant, si vous l'accusez d'irréligion ou même d'athéisme, il dédaigne et tolère. Devant Sainte-Beuve, devant Renan, dans les intéressantes conversations de l'après-dîner, il rompt des lances en faveur du déisme ; et ceux-là se plaisaient ou se plaisent à exciter sa verve. Mais, encore une fois, si vous prétendez qu'il est hostile aux religions, il laisse dire. Le « *qu'en dira-t-on* » l'inquiète peu. Son dîner gras du vendredi saint, par exemple ! Au Palais-Royal, défense absolue de servir du gras à table, le vendredi ; ordre de la Princesse. Tous les estomacs ne sont pas propres à ces dévotions. Aussi le Prince acceptait-il et sollicitait-il les invitations des amis pour ce jour-là. Deux semaines avant le Vendredi saint, une invitation pressante de Sainte-Beuve arrive. Le Prince accepte. Mais un empêchement survient. Le vendredi suivant, nouvel obstacle. Le troisième vendredi étant libre, le Prince se rend enfin chez Sainte-Beuve. On dîne. Et le lendemain tous les journaux parlaient du grand scandale... On avait mangé gras, et c'était le Vendredi saint !! Ah ! mon Dieu ! Le Prince fut navré de l'éclat ; et ce tolérant par excellence passa pour vouloir fronder publiquement la prescription catholique !...

Il professe toutes les idées populaires et ne tient pas à la popularité. Il déteste les manifestations et les cohues. Il faut l'entendre raconter, en roulant sa cigarette, cette histoire d'un Anglais qui vint à Paris, dans les premiers mois du règne de Louis-Philippe, et qui se faisait promener par un cicerone. Louis-Philippe habitait encore le Palais-Royal. Passant devant la façade du Palais, le cicerone dit à l'Anglais : « Voulez-vous voir le roi ? » L'Anglais s'excuse sur ce qu'il n'a pas demandé d'audience. « Qu'importe ! — répond le cicerone, — vous allez voir, » et il se met à crier : « Vive le roi ! » Aussitôt Louis-Philippe, la main sur son cœur, apparaît à la grande fenêtre... « Cent sous de plus — ajoute le cicerone, — et je lui fais chanter la *Marseillaise.* » Cette anecdote est une de celles que le Prince, qui conte bien, aime à dire.

III

Ces quelques traits peignent l'homme intime ; examinons ses principes et ses idées.

Avant tout, il est démocrate. Le drapeau blanc est sa haine. Relisez ce qu'il répondait du haut de la tribune du Sénat, au Marquis de la Rochejaquelein : « Nouveau venu dans les rangs du Sénat de l'Empire, M. le Marquis de la Rochejaquelein se fait une fausse opinion de l'Empire, une opinion que je tiens à rectifier. Nous ne sommes pas, Messieurs, les représentants de la réaction, comme il voudrait l'insinuer. Nous sommes les représentants de la société moderne et de ses tendances progressives. » Et, le 22 février 1862, à la même tribune, le Prince s'écriait : « Quand vous auriez fait table rase des principes révolutionnaires, il arriverait que le Comte de Chambord serait appelé, par la force des choses, sur le trône de l'Empereur. » Beaucoup plus tard, en 1878, dans sa brochure intitulée les *Alliances de l'Empire*, il écrivait ceci : « Mon rôle personnel, tantôt effacé, tantôt prépondérant, a eu invariablement le même but : la grandeur de la France, poursuivie par l'alliance des Napoléon avec les idées démocratiques. » C'est vrai, et l'on doit reconnaître que, dans cette tendance, le Prince n'a jamais varié.

Il a dit enfin : « Aucun accord n'est possible avec les partisans du drapeau blanc, devenu le seul emblême de la maison de Bourbon. » Cette déclaration figure dans le Manifeste adressé par le Prince Napoléon à ses concitoyens, le 15 janvier 1883, et en raison duquel a été exécutée par le gouvernement républicain l'arrestation racontée au début de ce récit.

IV

Les opinions religieuses — ou irréligieuses — du Prince ont fait autant de bruit que ses sentiments démocratiques. Mais, sur ce point aussi, nous retrouvons ce caractère du Prince qui déteste l'apparât et l'étalage des convictions intimes. Bien des gens font de leur religion ou de leur irréligion un moyen d'arriver. Le Prince ne méprise rien tant qu'un pareil commerce. Surtout, il est tolérant ; il prêche la tolérance, et ne comprend pas qu'on impose la foi, pas plus que l'athéisme. L'athéisme persécuteur excite son indignation autant que la Saint-Barthélemy.

Ainsi, comme député, en 1876, ayant à s'expliquer au sujet des enterrements civils, il disait : « Je ne suis pas de ceux qui les approuvent ; mais je suis de ceux qui pensent qu'il faut les tolérer. » Dans la même séance, lorsqu'il figurait parmi les 363, il ajoutait : « La séparation de l'Eglise et de l'Etat ne me paraît pas possible. En parlant ainsi que je le fais, je ne suis pas opposé au sentiment religieux ; je crois même qu'une religion est une nécessité sociale ; mais quel est le moyen de ne pas en faire une impossibilité et de ne pas arriver à ce qu'on se révolte contre le sentiment religieux? C'est d'imposer la tolérance, c'est de forcer ceux qui veulent être intolérants à être tolérants, etc. »

C'est ce qu'il répète, le 15 janvier 1883, dans son Manifeste, en ces termes : « La religion, attaquée par un athéisme persécuteur, n'est pas protégée. Et cependant ce grand intérêt de toute société civilisée est plus facile à sauvegarder que tout autre par l'application loyale du Concordat, qui seul peut nous donner la paix religieuse. »

Ici une curieuse remarque.

Dans sa fameuse lettre du 5 avril 1880, si mal accueillie par la plupart des catholiques, le Prince avait écrit ces lignes très franches et très décisives : « Un Napoléon ne saurait, sans mentir à son origine, se montrer l'ennemi de la religion. *La religion,* a dit mon oncle à Sainte-Hélène, *est l'appui de la bonne morale et des vrais principes...* Dans le Concordat, Napoléon a tracé, avec la clairvoyance du génie, le domaine respectif de l'Eglise et de l'Etat, assuré à la Société le plus précieux des biens, la paix religieuse, et à chaque citoyen le plus précieux des droits, la liberté de conscience... Deux espèces d'agresseurs menacent cette charte de pacification : les sectaires de la théocratie qui rêvent le retour à une religion d'Etat oppressive et intolérante ; les sectaires du désordre, qui poursuivent l'organisation d'une Société sans Dieu et sans loi morale. J'ai toujours été et je ne cesserai d'être l'adversaire de ces deux prétentions extrêmes. »

Telles sont les déclarations que contenait la lettre du 5 avril 1880. Eh bien ! on les trouva alors insuffisantes ! Le Manifeste du 15 janvier 1883 n'est pas, tant s'en faut, aussi abondamment explicite ; cependant les mêmes catholiques se déclarent conquis !

Cela ne montre-t-il pas clairement à quel point les temps sont changés, en trois ans à peine ?

V

Non, le Prince n'est pas irréligieux ; il est déiste
et tolérant. Ce qui lui aliéna ce parti qui fait de
la religion une affaire, ce fut la question du Pouvoir temporel des Papes.

Ah ! les batailles d'antan ! Les ombres de Gué-
roult et d'Havin se réveillent..... Vous plaît-il
de soulever un coin de ce vieux débat ? Allons,
puisque aussi bien c'est le moyen de compléter le
portrait de ce Prince qui, le 1er mars 1861, parlait
ainsi : « Je ne me donne pas pour un catholique
fervent, mais je suis né dans la religion catholique, et j'ai le droit de parler catholicisme comme
vous et autant que vous. En vérité, vous feriez
douter de l'influence, de la bonté de cette religion ! Vous feriez croire que le prêtre n'est rien
s'il n'a un gendarme à côté de lui ! Nous, nous
voulons séparer le prêtre du gendarme, et voilà ce
que vous ne voulez pas ! Nous voulons que le prêtre reste vénéré, respecté, qu'il soit entouré des
garanties qui appartiennent à tout citoyen et qu'il
n'ait pas besoin d'un gendarme pour l'aider dans
les choses spirituelles, comme cela se passe à
Rome. » Et, à la même tribune du Sénat, le Prince
continuait en ces termes : « J'ai toujours tâché,
autant que possible, de ne me laisser entraîner à
aucun mot qui fût irrespectueux envers le pouvoir spirituel du Pape, parce que ce mot serait en
dehors de mon cœur et de mon esprit. J'ai pour
le chef de la catholicité le plus grand respect. Je
reconnais qu'il faut une certaine indépendance à
ce chef spirituel, qu'il ne doit pas être le sujet d'un
souverain, quel qu'il soit. De là la difficulté de ré-
gler la question de Rome. »

Relatons aussi les paroles suivantes que prononçait alors le Prince : « Jetez les yeux sur un plan de Rome. Le Tibre divisant cette ville, sur la rive droite vous voyez la ville catholique, le Vatican, Saint-Pierre ; sur la rive gauche vous voyez la ville des anciens Césars, vous voyez le mont Aventin, enfin tous les grands souvenirs de la Rome impériale. Sur la rive droite s'est réfugiée la partie la plus vitale du catholicisme ; il y aurait possibilité, je ne dis pas de forcer le Pape, mais de lui faire comprendre la nécessité de s'y restreindre ; il y aurait possibilité de lui garantir son indépendance dans ces limites. La catholicité lui assurerait un budget propre à la splendeur de la religion, et lui fournirait une garnison. Vous auriez ainsi une oasis pour le catholicisme au milieu des tempêtes du monde. » N'est-ce pas là ce que les événements ont rendu nécessaire, avec bien des garanties en moins pour le chef de la catholicité ?

L'Empereur ne put suivre ces conseils ; mais, le lendemain même du 1er mars 1861, il adressait au Prince Napoléon la lettre suivante : « Quoique ne partageant pas toutes tes opinions, je veux cependant te féliciter de l'immense succès que tu as obtenu, hier, au Sénat. Il y a des sentiments patriotiques si bien exprimés dans ton discours, que je tiens à te dire combien j'en suis heureux. »

Quelques années après, dans son discours d'Ajaccio, en 1865, le Prince disait : « S'il était vrai que la religion ne pût reposer que sur la force, un grand deuil devrait se faire dans l'âme non-seulement des catholiques, mais de tous les hommes sincèrement religieux. » La pensée constante du Prince est résumée là.

VI

Ce fut cependant pour les questions religieuses que la brouille régna souvent entre le Prince Napoléon et les Tuileries. Le discours même d'Ajaccio, dont nous venons de citer un fragment, mit le feu aux poudres. Cependant tout nous autorise à dire que l'Empereur et le Prince Napoléon s'aimaient sincèrement, malgré la différence énorme de leur caractère, plutôt que de leurs idées.

Faut-il reproduire la lettre que le Prince Napoléon écrivait de Florence, le 4 septembre 1870, à l'Empereur vaincu et détrôné? On la connaît. Elle est émue et noble. Vainement le Prince avait déconseillé cette guerre contre la Prusse; vainement il avait supplié qu'on rendît Rome à l'Italie pour obtenir au moins le concours reconnaissant d'une armée italienne; vainement il était parti du camp de Châlons, le 19 août 1870, sur l'ordre pressant de l'Empereur, pour nouer des négociations tardives... tout s'était brusquement écroulé! Et le Prince ne s'adressait plus qu'au parent malheureux...

A ce sujet, en 1878, dans cette brochure : *Les Alliances de l'Empire*, que nous avons déjà citée, le Prince Napoléon écrivait encore : « J'ai toujours eu, pour l'Empereur mon cousin, un dévouement complet dont je crois lui avoir donné des preuves par la franchise de ma conduite, par mon opposition même à tant d'actes de son gouvernement, rôle ingrat qui expose à toutes les calomnies.» Ajoutons que, sur la plupart des questions politiques ou sociales, les deux cousins pensaient de même.

On sait quelle part active et intelligente le Prince Napoléon prit aux Expositions universelles. On sait avec quelle compétence il approuva le programme économique du second Empire et la négociation des traités de commerce. On sait avec quel enthousiasme il s'associa à l'Empereur dans sa politique à l'égard de l'Italie. Aussi avec quelle énergie et quel élan de cœur adressait-il, en 1871, à Jules Favre, cette apostrophe : « L'Empereur n'a pas cherché à se cramponner au trône par une paix qui pouvait sauver son pouvoir en imposant de lourds sacrifices à la France. Tenez ! Nous avons une consolation, c'est d'être tombés avec le pays, tandis que votre élévation date de ses malheurs. »

Les deux cousins s'aimaient, chacun à leur manière ; l'Empereur. avec cette affabilité constante que les adversaires mêmes qui l'ont approché lui reconnaissent; le Prince, avec ces caprices apparents dont ses intimes ne s'offusquent pas, car ils connaissent le fond.

VII

Ce portrait ne serait pas complet si nous n'esquissions enfin la politique du Prince, sa politique constante et présente.

Quelques traits encore, pris d'abord dans le passé. Voici, par exemple, ce que le Prince déclarait au Sénat, en 1869 : « Jamais un bon système gouvernemental n'existera *sans opposition ;* je dis plus, ce serait mauvais. L'opposition, c'est le stimulant; c'est, dans la politique, ce qu'est le sel dans les aliments. Il faut qu'elle existe ; elle produit un excellent effet, car si elle effraye les uns, elle oblige tout le monde à discuter les affaires. Il faut enfin que tout ce qu'il y a dans les bas-fonds de la sociétéapparaisse au grand jour. On ne peut gouverner qu'avec l'opinion publique, à la lumière du soleil ; autrement il n'y a pas de gouvernement possible. Cela me rappelle un mot d'un homme d'État, qui avait quelquefois de l'esprit, et il l'a prouvé lorsqu'il a dit : *On peut tout faire avec les baïonnettes, excepté s'asseoir dessus.* » Aujourd'hui comme alors, le Prince pense qu'on ne gouverne pas avec les baïonnettes, mais avec l'opinion publique. Et son plus dangereux complot consiste à essayer de conquérir l'opinion, plutôt que les baïonnettes.

Il ne veut pas que le gouvernement soit faible et désarmé, mais il sait qu'aucun gouvernement ne dure s'il n'a pas la direction de l'opinion, et il estime que les voix opposantes révèlent les courants qui se forment. Ainsi, parlant du roi Victor-Emmanuel qui avait pris en mains la cause populaire en Italie pour dominer Garibaldi et ne pas se laisser asservir, le Prince Napoléon disait au Sénat : « Comment le roi de Piémont pouvait-il arrêter Garibaldi ? Il n'y avait qu'un seul moyen : c'était de prendre en main le drapeau et la cause de l'unité de l'Italie. Victor-Emmanuel les a pris l'un et l'autre, et les a fait triompher. C'est de la politique, de l'excellente politique. » Le Prince ne croit pas qu'on puisse résister aux idées patriotiques et aux tendances légitimes d'un peuple. L'art de gouverner, selon lui, il l'indique en ces termes dans un discours du 1er septembre 1869 : « L'art de gouverner à l'intérieur est surtout l'art de céder, après avoir constaté que les aspirations de l'opinion publique sont sérieuses, vraies, justes, qu'elles répondent au sentiment profond du pays. Gouverner n'est pas résister. » Telle est la conviction du Prince, et, dans le même discours, il y revient en disant : « Il y a toujours des menaces de révolution ; mais *le moyen de les éviter, c'est de leur prendre ce qu'elles ont de bon.* »

D'ailleurs, le Prince n'est pas plus épris du parlementarisme que ses devanciers. Dans son discours

d'Ajaccio, il repoussait « *l'omnipotence d'une réu--
nion de privilégiés qui s'appelle le Parlement* ». Et il
ajoutait : « J'aime la liberté sous toutes ses formes,
mais je ne vous dissimulerai pas ma préférence mar-
quée pour ce que j'appelle la liberté de tous ; elle
me semble plus conforme à l'esprit de mon pays.
Oui, je préfère la liberté et une politique influencée
par l'opinion publique libre, à des ministres *résul-
tant souvent d'une coterie parlementaire qui s'impose au souverain*. On cède plus facilement à la
volonté d'un peuple qu'à une coalition souvent né-
gative. Ne nous faisons pas illusion sur les consé-
quences de la liberté restreinte : quelle est la grande
idée que les classes privilégiées auraient, je ne dis
pas inspirée, mais acceptée ? Est-ce la guerre
d'Italie ? Est-ce la liberté commerciale ? Est-ce
l'amnistie de 1859 ? Non. »

Voilà ce que le prince Napoléon pense de la stérilité chronique du parlementarisme pur.

Voici ce qu'il disait, dans le même discours, en
1865, sur le rôle historique des Assemblées et
sur leurs périls : « L'histoire nous apprend que les
Assemblées omnipotentes, inspirées par le souffle
populaire, renversent tous les obstacles, comme la
Convention ; mais, quand cette puissante impulsion
leur fait défaut, elles deviennent profondément
conservatrices, même des abus, et souvent réac-
tionnaires. Telles ont été nos Assemblées depuis
cinquante ans. Mais pour réformer sans renverser,
pour bâtir un ordre de choses qui assure l'avenir,
pour donner une organisation définitive à la démocratie, le rôle transitoire des Chambres n'est-il pas
plutôt un contrôle sérieux et non une action gou-
vernementale omnipotente que le souverain et le
peuple n'aiment pas à subir ? »

Et voulez-vous savoir aussi comment le Prince
Napoléon juge la monarchie bourgeoise de 1830 ?
Voici ce qu'il en disait, à la tribune du Sénat, le
1er septembre 1869 : « Le vice radical du régime

de 1830, c'était le pays légal. Le gouvernement était très parlementaire, mais ce n'était pas un véritable gouvernement représentatif, il ne représentait que ceux qui avaient des droits politiques, soit deux cent mille électeurs ; or, il y a aujourd'hui dix millions de citoyens émancipés en France. Voilà la différence, Tout était dans les mains de la bourgeoisie : les places, les fonctions publiques, les influences, les tarifs industriels, les emprunts mêmes, car, lorsqu'on *a démocratisé ces derniers* en les faisant par souscription, cela a été regardé comme une révolution ; la bourgeoisie avait l'air de dire : on nous prend ce qui nous appartient. Ce système gouvernemental était fait pour deux cent mille privilégiés et non pas pour dix millions de citoyens. Un beau jour les citoyens exclus se sont dit : Nous voulons entrer dans la salle du banquet des satisfaits ; et ils ont tout jeté par les fenêtres. Cela devait arriver à l'heure où le peuple voudrait revendiquer son droit d'élection. »

Sur ce point, l'opinion du Prince Napoléon se résume en ces paroles qu'il prononçait au Sénat : « Il ne faut pas vouloir faire *un petit parlementarisme bourgeois;* il faut que les voiles de la politique soient enflées par un souffle démocratique et largement populaire. » Mais ce gouvernement au souffle démocratique et largement populaire, — qu'il soit impérial ou républicain, le Prince se soucie peu des titres, — sur quelle base l'asseoir en France?

Examinons.

VIII

Quand on dit d'un gouvernement qu'il est démocratique, cela signifie ou devrait signifier qu'il a été directement institué par le peuple, et que le peuple y conserve toujours le droit de modifier lui-même sa Constitution.

C'est ce que Danton entendait par là ; c'est la définition que Ledru Rollin développait éloquemment dans son admirable discours du 18 août 1842 ; c'est ce que, le 5 avril 1870, M. Gambetta disait en ces termes : « Je dis que le plébiscite est une sanction désormais nécessaire, dans les sociétés qui reposent sur le droit démocratique, pour donner au pouvoir la sanction que les anciennes monarchies trouvaient dans le droit divin. »

Fidèle à cette tradition démocratique, le Prince Napoléon écrivait ceci à Jules Favre, en mai 1871 : « Ce n'est pas dans un principe qui est la négation de la société moderne, dans le drapeau blanc que la France ne connaît plus, dans la négation du suffrage universel, dans la terreur blanche succédant à la terreur rouge, dans la fusion des prétendants, ce n'est pas là que se trouve le port. Non ; à une société nouvelle, il faut un symbole nouveau. Il faut, et le droit moderne le veut, il faut l'abdication de tous devant la volonté du peuple librement et *directement* exprimée ; hors de là, encore une fois, il n'y a que chaos. La foi monarchique ne se décrète pas ; la seule base sur laquelle un gouvernement en France peut asseoir son principe, la seule source où il peut puiser la légitimité et la force, c'est l'APPEL AU PEUPLE, que nous réclamons et que la France doit exiger. »

Au mois d'octobre de cette même année 1871, quand le parti bonapartiste gisait à terre, voici encore ce que le prince Napoléon écrivait aux électeurs de la Corse : « Vous pouvez répondre hardiment à ceux qui nous accusent d'intrigues, que nous sommes, non des prétendants à l'Empire, mais des prétendants à l'APPEL AU PEUPLE. » C'est ensuite que, devenu majeur, le Prince Impérial disait : « *Le plébiscite, c'est le salut, et c'est le droit.* » Le prince Napoléon l'avait déjà dit. Et, au mois de fé-

vrier 1876, lorsque, à la suite de dissentiments po
litiques, le prince Napoléon soutenait, dans l'arron-
dissement d'Ajaccio, sa candidature en opposition à
celle de M. Rouher, croyez-vous que ce républicain ait abandonné sa doctrine plébiscitaire ? Ju-
gez-en. Voici ce que contenait sa profession de foi:
« La souveraineté nationale est la base de notre
droit public. Sa manifestation *directe* donnerait des
racines profondes au pouvoir, en lui permettant de
marcher résolument dans une voie démocratique. »
Telle est la doctrine traditionnelle et constante
que le Prince vient de reproduire, le 15 janvier
1883, en ces termes : « Les Napoléons défendent
la souveraineté directe du peuple. Cette doctrine a
été abandonnée par beaucoup de républicains, uni-
quement par la crainte des votes populaires. Ce
qu'un plébiscite a établi, un nouveau plébiscite peut
seul le remplacer. Je ne représente pas un parti,
mais une cause et un principe. Cette cause est celle
de tous, bien plus que la mienne. Ce principe, c'est
le droit qu'a le peuple de nommer son chef. Nier
ce droit est un attentat à la souveraineté nationale.
Le gouvernement s'effrondre ; mais une grande
démocratie comme la nôtre ne peut se dérober
longtemps à la nécessité de constituer l'autorité. Le
peuple en a le sentiment. Il l'a prouvé dans les
huit plébiscites de 1800, 1802, 1804. 1815, 1848,
1851, 1852 et 1870. Français, souvenez-vous de ces
paroles de Napoléon Ier : Tout ce qui est fait sans
le Peuple est illégitime. »
En réalité, le Prince réclame la révision de la
Constitution de 1875 ; et il veut au moins que la
Constitution future soit soumise à la ratification
directe du pays. C'est ce que MM. Cantagrel et
Clémenceau notamment, dans leur programme élec-
toral de 1881, ont aussi réclamé..., puis oublié.

IX

Au lieu de ces racines profondes, quelle base a-t-on donnée à la Constitution de la troisième République ?

Les républicains l'ont sollicitée et obtenue des mains de ces mêmes députés de 1871 dont on a dit qu'ils furent élus « *en un jour de malheur.* » Il faudrait relire les discours de M. Gambetta, du 30 août 1871 et du 2 juillet suivant, le discours de Louis Blanc, le manifeste collectif qui fut déposé, sur le bureau de l'Assemblée Nationale, le 19 mai 1873, par MM. Peyrat, Brisson, Gambetta, Paul Bert, Barodet, Lockroy, Naquet, Boysset, Challemel-Lacour, Quinet, Millaud, Ferrouillat, etc., protestant contre l'usurpation parlementaire que l'Assemblée Nationale préparait, en songeant à donner une Constitution au pays. Tant et si bien que M. Gambetta allait jusqu'à s'écrier : « S'il sortait d'ici une Constitution républicaine, je ne me trouverais pas assez puissamment armé pour frapper ceux qui oseraient y porter la main. »

Et cependant la Constitution républicaine actuelle sort de là ! Et MM. Gambetta, Brisson, Peyrat, Lockroy, Challemel-Lacour, etc., en sont devenus les pontifes !

Mais le phylloxera est dans les racines.

X

Les bons esprits le comprennent ; et voilà pourquoi, chaque année, quelques députés bien intentionnés demandent la révision de la Constitution.

Mais on ne marche pas de travers pendant plusieurs années sans contracter quelque entorse. La souveraineté des Assemblées, principe orléaniste, ayant momentanément triomphé de la souveraineté du peuple, principe démocratique, aujourd'hui le pli est pris, dans le monde « dirigeant.» La plupart des républicains sont habitués à voter contre les dogmes les mieux reconnus de la tradition républicaine. Les nains de Lilliput ont enchaîné le géant Gulliver, qui n'a pas bougé. Ma foi ! pourquoi le géant populaire se réveillerait-il ?

Il se réveillera. On le réveille. Et ceux qui pensent à demain se préparent à ce réveil. Et si l'on fait tant de bruit des quelques lignes que le Prince Napoléon vient d'adresser à ses concitoyens, si le Gouvernement a pris les armes, si le Parlement s'est ému comme une fourmillière piétinée, si la loi la plus exceptionnelle a été tirée du vieil arsenal des réactions, ne serait-ce point précisément parce qu'une voix importune a réveillé ce géant populaire dont les lilliputiens du Parlement croyaient avoir définitivement supprimé les mouvements?

XI

Quand le général Bonaparte accomplit le Coup d'Etat du 18 Brumaire, il n'était rien, il n'occupait pas le pouvoir. Et même il revenait « d'exil ».
..... Vous riez? Cela est ainsi. C'est l'historien Lanfrey qui a écrit ceci, dans son *Histoire de Napoléon Ier* : « L'imagination populaire avait fait une légende selon laquelle Bonaparte avait été *déporté* en Egypte par un gouvernement jaloux de sa gloire. Le mot *exil de Bonaparte* était une for-

mule consacrée dans la plupart des motions populaires. » Cette expression se trouve textuellement dans la plupart des Adresses qui furent envoyées aux Cinq Cents, à la suite du 30 prairial.

Bonaparte revenait donc « d'exil ». Et Le Couteulx de Canteleu, dans ses *Souvenirs*, raconte que : « la nouvelle du débarquement de Bonaparte produisit une sensation générale ; la France entière fut dans l'attente. Sa marche à travers les départements eut l'air d'un triomphe. » Et il n'était rien, pas même député, encore moins dictateur !

Mais, que voulez-vous ? le peuple attendait quelqu'un. Il n'y avait plus de gouvernement. Les élus régionaux flottaient sans direction et sans volonté. Tous les principes avaient été trahis. Tous les partis avaient échoué. Le peuple était à la discrétion de huit cents souverains impuissants. L'administration était discréditée. Plus de justice. Plus de finances. Plus de religion. Plus de commerce. Les urnes du vote étaient désertées par le découragement de tous..... Bonaparte parut, fit signe à quelques soldats qui passaient, et, selon M. Mignet lui-même, « le 18 Brumaire eut une popularité immense ».

Aujourd'hui, en sommes-nous là ? Pas encore. Mais on marche vers cette crise. Et on y marche fatalement, parce qu'on est pris dans l'engrenage parlementaire. Le suffrage universel et le parlementarisme sont inconciliables. Le divorce approche. L'opinion va se diviser en deux courants : les uns s'accrocheront à la Charte, imitée de 1830, qui crée la souveraineté factice et précaire des députés; les autres, — les actifs, — reviendront aux traditions démocratiques, au respect des principes de la Révolution. C'est à ceux-ci que la victoire appartient.

C'est à ces derniers que le *Prince de la Montagne* vient d'adresser son appel, qui est un appel, non à la force, mais à l'opinion, à laquelle revient toujours le dernier mot. C'est sur le terrain des principes démocratiques, des conquêtes populaires, des réformes sociales, que le Prince s'est placé. Son complot, (n'en déplaise au juge d'instruction qui dirige cette procédure) est le complot à ciel ouvert d'un tribun du peuple, d'un Caïus Gracchus qui triomphe des impuissances constitutionnelles et de la stérilité chronique des Parlements pour faire appel, non à la force, mais à la raison qui finit toujours par avoir raison.

Autre remarque. On mêle, dans une même proscription, et les Princes de l'ancien régime dont les prétentions archaïques reposent sur le droit divin, et ce Prince révolutionnaire qui ne reconnaît que le suffrage universel !... Telle est la confusion de nos politiciens parlementaires ! La force peut tout contre les Prétendants de droit divin, lesquels n'ont aussi d'espoir qu'en la force. Elle ne peut rien, même accompagnée de la prison ou de l'exil, contre un Prétendant de droit populaire qui sera grandi et fortifié, au contraire, par chaque effort des gouvernants cherchant à « faire marcher la France » et à imposer au suffrage universel leurs rancunes personnelles, ou leurs répugnances historiques.

Aussi bien le Prince Napoléon est assuré du triomphe final. Ses idées au moins triompheront. On a vu comment Garibaldi força la main à Victor-Emmanuel qui ne pût se maintenir qu'en prenant lui-même le drapeau de Garibaldi. Députés de 1883, héritiers des députés de 1875 et de 1871, vous croyez gagner le repos en chassant les Prétendants princiers ? Mais le premier et le plus dangereux des Prétendants, c'est le peuple dont vous ne pouvez maintenir plus longtemps la déchéance.

La dépossession de l'orléanisme (qui régnait depuis douze ans) est déjà commencée. Si quelque accroc ne brusque les événements, elle se continuera fatalement. Par un ricochet prévu, le Manifeste du Prince Napoléon a surtout découvert l'orléanisme, dont toutes les intrigues sont à vau-l'eau !

Quant au Prince Napoléon, il se sent dans le courant populaire, par ses idées et par son programme. Déjà nos bons paysans s'écrient : « On nous avait dit que le Prince Impérial était mort ! Vous voyez bien que ce n'est pas vrai, puisque la république vient de l'arrêter. » Pour eux, il n'y a toujours qu'un Napoléon. C'est dans les voiles de ce Napoléon éternel que soufflera le vent de demain. Tout ce qui arrivera désormais lui profitera. Ne voulant rien tenir de la force, n'en ayant pas même besoin, car la force n'assure aucun lendemain, il attend tout du peuple qui, éclairé sur l'impuissance parlementaire, édifié sur la stérilité chronique de nos huit cents Empereurs d'aujourd'hui, donne seul au pouvoir une assez large assise pour que celui qui en dispose puisse faire de grandes choses.

XII

Prince, au moment où les principes de la Révolution sont trahis par ceux-là mêmes qui s'en étaient fait un piédestal ; au moment où les élus républicains votent cyniquement contre *la Déclaration des Droits de l'homme* ; au moment où l'opportunisme a gangrené toutes les âmes, où la liberté est traitée de « vieille guitare », où l'égalité civique est bafouée par les fils ingrats de 89, où la Souveraineté du peuple est marchandée, exploitée, vendue dans cette halle aux consciences qu'on appelle le Congrès souverain et dont les suffrages privilégiés sont à la merci des millions de Mme de Feuchères ; au moment où, à l'approche du centenaire de 89, nous faisons l'inventaire de l'héritage démocratique et trouvons que les républicains du jour, à l'affût des recettes générales et des bureaux de tabac, ont tout gaspillé, dilapidé, stérilisé, déshonoré,... Prince, sachez que toutes les petites querelles qu'on vous a faites, ou les torts qu'on vous reproche et que cette étude impartiale relate, ne comptent plus, car l'heure est venue où le peuple français vous entend, vous comprend, et veut enfin opposer, lui aussi, à la Souveraineté stérile des Parlements sa Souveraineté directe et féconde, contre laquelle les proscriptions ne prévaudront pas !

Ce 2 février 1883.

Paris. — Imp. Joseph Kugelmann, 12, rue Grange-Batelière.

PARIS. — IMPRIMERIE JOSEPH KUGELMANN

12, rue de la Grange-Batelière, 12